PAIDEIA
ÉDUCATION

MIXTE
Papier issu de sources responsables
Paper from responsible sources
FSC® C105338

PIERRE CORNEILLE

Médée

Analyse littéraire

© Paideia éducation.

22 rue Gabrielle Josserand - 93500 Pantin.

ISBN 978-2-75930-461-5

Dépôt légal : Septembre 2023

Impression Books on Demand GmbH

In de Tarpen 42

22848 Norderstedt, Allemagne

SOMMAIRE

- Biographie de Pierre Corneille.................................... 9

- Présentation de *Médée*..................................... 15

- Résumé de la pièce..................................... 19

- Les raisons du succès................................. 31

- Les thèmes principaux............................... 37

- Étude du mouvement littéraire................................ 45

- Dans la même collection.. 51

BIOGRAPHIE DE PIERRE CORNEILLE

Pierre Corneille, appelé aussi « le Grand Corneille », vient au monde le 6 juin 1606 à Rouen, au sein d'une noble famille de magistrats.

Fils aîné de Pierre et Marthe Corneille, il entreprend de brillantes études secondaires chez les jésuites au Collège de Bourbon (à présent baptisé lycée Corneille), où il étudie la rhétorique latine et se passionne pour les héros antiques. De plus, il y découvre le théâtre, pratique encouragée par ses professeurs à des fins pédagogiques. Leur but ? Former leurs élèves aux belles manières tout en les moralisant par la poésie.

Pierre Corneille entame ensuite, non par vocation, mais pour ne pas déplaire à son père, des études de droit, et rejoint alors le barreau à l'âge de vingt-deux ans. Néanmoins, il souffre d'une timidité maladive et le métier d'avocat ne le satisfait nullement : en effet, il ne parvient pas à plaider avec aisance. Peu à peu, il se détourne donc de cette voie initiale, bien qu'il supporte sa charge d'avocat pendant plus de vingt ans.

En 1629, un amour malheureux le conduit à composer ses premiers vers, puis à écrire sa première pièce : une comédie intitulée *Mélite*. Il la confie aux acteurs qui fonderont par la suite le Théâtre du Marais et rencontre à Paris un certain succès. Pierre Corneille décide alors de se lancer sérieusement dans la carrière dramatique.

S'ensuit la création de plusieurs comédies de mœurs, comme *La Place royale* et *L'Illusion comique*, qui rompent avec les farces grossières et bouffonnes largement représentées à l'époque. C'est ainsi qu'il invente un nouveau style de théâtre, lequel dépeint avec vraisemblance la vie quotidienne des jeunes gens de la bonne société ainsi que les obstacles rencontrés quant à la réussite de leurs intrigues amoureuses.

En 1635, le cardinal de Richelieu, sensible au talent de

l'artiste, prend Pierre Corneille sous son aile. Il lui offre une pension de 1 500 livres afin de rejoindre la société des auteurs officiels. Leur mission ? Réaliser des pièces inspirées par leur mécène, qui élabore en amont les canevas à respecter. Mais le dramaturge modifie, sans l'accord de Richelieu, le troisième acte de *La Comédie des Tuileries*, jouée devant le roi et la cour. Le cardinal voit rouge, ce qui conduit Pierre Corneille à rompre avec son statut de poète du régime.

La même année, sans pour autant tourner le dos à la comédie, il écrit sa première tragédie : *Médée*, laquelle est accueillie plutôt froidement par le public.

Cependant, Pierre Corneille persiste et connaît enfin, en 1637, son plus grand succès grâce à la célèbre tragi-comédie : *Le Cid*. Le public est pour le moins conquis mais une polémique, plus connue sous le nom de « querelle du *Cid* », enfle néanmoins. On reproche en effet à notre auteur de s'éloigner de l'idéal théâtral classique prôné par les Anciens (règles de la vraisemblance et de la bienséance, règle des trois unités, règle préconisant la séparation distincte des tons et des genres). Avide de liberté, Pierre Corneille ne semble toutefois pas affecté par cette querelle littéraire.

Dans les années 1640, il écrit ses plus grandes tragédies : *Horace*, *Cinna*, *Polyeucte* et *Rodogune*, dans lesquels il donne vie à des personnages d'une grandeur d'âme inouïe, qui sont confrontés à leur passion ou à des choix insolubles (dilemmes cornéliens). Pierre Corneille se montre tout de même plus soucieux des règles du théâtre classique, avec cependant de notables exceptions. Son but ? Prouver qu'il est capable de traiter avec brio les sujets les plus fameux de la Rome antique, à une période où la tragi-comédie a perdu de son pouvoir attractif. En 1648, alors qu'il est un dramaturge en vogue adulé par les spectateurs et reconnu par ses pairs, il est élu à l'Académie française.

Le vent tourne assez rapidement, puisqu'au début des années 1650, Pierre Corneille commence à flirter dangereusement avec l'échec. Sa comédie *Nicomède*, même si elle remporte les suffrages du public, lui vaut quelques déboires politiques. Elle apparaît en effet comme un éloge à peine voilé de Louis II de Condé, qui est à la tête de la Fronde des Princes, et a pour ennemi juré le cardinal Mazarin. S'ajoute à cela l'insuccès de *Pertharite*, qui ne séduit guère les spectateurs. Notre dramaturge, déçu, se détourne alors du théâtre pendant plusieurs années, jusqu'à la création d'Œdipe en 1659.

En 1660, il publie *Trois discours sur le poème dramatique* tandis que commence la parution de son Œuvre en recueils ; chaque volume étant accompagné d'un « examen » des différentes pièces.

En 1664, le jeune Jean Racine fait son entrée dans le milieu théâtral et parvient à gagner les faveurs du public parisien. C'est ainsi qu'en 1670 les deux auteurs se retrouvent en concurrence directe, proposant simultanément une pièce qui met en scène la fameuse Bérénice. Malheureusement pour Pierre Corneille, la *Bérénice* de Racine triomphe alors que son *Tite et Bérénice* ne rencontre qu'un succès mitigé.

Dès lors, le temps de la gloire n'est plus. Ses deux dernières créations passent d'ailleurs quasiment inaperçues. C'est pourquoi il décide d'abandonner définitivement la dramaturgie en 1674. Pierre Corneille s'éteint finalement à Paris le 1er octobre 1684, dans la pauvreté et l'indifférence.

PRÉSENTATION DE MÉDÉE

Médée, rédigée en 1634 et représentée en 1635 au théâtre du Marais, est la première tragédie de Pierre Corneille, alors âgé de vingt-huit ans. C'est une pièce d'essai (ou, dit autrement, un « apprentissage tragique ») qui prépare ses grands succès à venir comme *Le Cid*, *Horace*, *Cinna* et *Polyeucte* : ces œuvres feront de lui un des plus grands dramaturges français du XVIIe siècle, aux côtés de Racine et de Molière. Ainsi, cette tragédie mythologique, plongée dans l'ombre de ses créations ultérieures, a été peu étudiée car considérée par la critique comme moins intéressante. À l'époque, le public a d'ailleurs quelque peu boudé cette nouvelle création, sans soute déçu de ne pas assister à l'une des comédies de mœurs dont Corneille avait le secret, et sûrement peu sensible aux longues déclamations qui traversent la *Médée* de notre auteur.

Néanmoins, cet écrit ne manque ni de force ni de talent, et mérite que l'on s'y penche avec sérieux. Nicolas Eugène Géruzez, célèbre critique littéraire du XIXe siècle, a d'ailleurs écrit à ce propos : « Corneille eut dans ce drame imparfait l'honneur de faire entendre les premiers vers vraiment tragiques qui aient retenti sur la scène française, c'est lui qui introduit pour la première fois le sublime sur notre théâtre par un trait demeuré célèbre : "Moi !" »

Nous sommes cependant en droit de nous demander pourquoi Corneille, qui connaît alors un immense succès grâce notamment à *La Place royale* et *L'Illusion comique*, se lance dans l'élaboration d'une tragédie. C'est que les genres théâtraux sont hiérarchisés, la tragédie occupant la première place du palmarès. Par conséquent, Corneille se devait en quelque sorte de prouver qu'il possédait également une plume dramatique. Mais comment s'y prend-t-il ?

Il s'inspire des deux *Médée* d'Euripide et de Sénèque, comme il le confesse lui-même dans l'« examen » de sa pièce en 1660. Mais c'est surtout sur l'œuvre de Sénèque qu'il s'appuie, n'hésitant pas à lui emprunter certains passages qu'il traduit directement du latin. Il reprend l'aspect spectaculaire du théâtre sénèquien en représentant sur la scène les morts de Créon, Créuse et Jason. Néanmoins, contrairement à son prédécesseur, la Médée de Corneille n'est pas seulement un monstre inhumain. Elle est aussi une mère aimante et une épouse blessée qui a des raisons de crier vengeance ; Jason étant notamment d'un orgueil démesuré et Créuse d'une impertinence irritante. Ainsi, comme nous le verrons par la suite, Corneille, fin psychologue, parvient à donner vie à une Médée pour le moins ambivalente, presque légitimement monstrueuse, et c'est là tout son génie…

RÉSUMÉ DE LA PIÈCE

ADRESSE

Dans cette épître, Corneille refuse de justifier la méchanceté de son héroïne, Médée, par des préceptes de l'art qui ne doivent jamais, selon lui, faire oublier que le but premier de la poésie dramatique est de plaire au public. Quant aux mauvaises mœurs des personnages, notre auteur rappelle que la poésie dramatique a également pour mission de produire de belles imitations d'actions laides et moralement détestables ou, dit autrement, de reproduire avec brio la laideur telle qu'on la voit au naturel. Aucune chance, de ce fait, que les spectateurs aient envie de s'adonner par la suite aux mauvaises actions qui se succèdent dans la pièce. Enfin, pour ce qui est de la vraisemblance de ces dernières, Corneille déclare qu'il lui suffit simplement de s'appuyer sur la vérité historique ou sur ce qu'en ont dit les Anciens pour légitimer leur présence.

Épître

Bien que son style soit, admet-il, inégal dans cette pièce, Corneille s'est pourtant inspiré des deux *Médée* d'Euripide et de Sénèque pour composer sa propre *Médée*. De ce fait, s'il choisit d'inscrire l'action de sa pièce sur une place publique à Corinthe, c'est parce que ses prédécesseurs en avaient décidé ainsi. Néanmoins, cette fois, il explique que c'est par souci de vraisemblance qu'il a rajouté des lieux comme la grotte magique de Médée, rompant par là l'unité exacte du lieu, estimant qu'il est plus compréhensible que notre héroïne ne réalise pas ses enchantements aux yeux de tous. Il rencontre le même souci avec le peu de méfiance de Créon à l'égard de Médée dans les anciennes versions. Ainsi, par exemple, Corneille décide qu'il est plus juste que la robe empoisonnée ne soit pas offerte par Médée elle-même, ce qui paraîtrait suspicieux, mais exigée par Jason une fois leurs enfants graciés. De plus, notre dramaturge choisit de donner plus d'épaisseur au personnage d'Égée, absent dans la tragédie de Sénèque et parfaitement secondaire dans celle d'Euripide. C'est pourquoi il devient l'amoureux transi de Créuse et le fidèle allié de Médée. Il donne également vie au personnage de Pollux, de retour en Grèce après des années d'absence, afin de permettre à Jason de raconter à quelqu'un qui l'ignore encore les nombreuses aventures dont il a été à la tête. Enfin, Corneille regrette de ne pas s'être contenté d'un récit relatant l'emprisonnement d'Égée. En présentant celui-ci sur la scène, il éloigne le public de l'acteur, coincé derrière des grilles, et affaiblit aussi bien le spectacle que l'action. Quant à la mort de Créuse et Créon sur la scène, elle est nécessaire, nous dit notre auteur, afin que les spectateurs ne ressentent à leur égard aucune pitié, et se rangent définitivement du côté de Médée, dont ils pardonnent la vengeance après l'odieux traitement qu'elle a reçu.

ACTE I

Scène 1

Sur une place publique à Corinthe, Jason, l'époux de Médée, rencontre par hasard Pollux, lequel est de retour en Grèce après un long séjour en Asie. Il lui raconte alors qu'il va épouser en troisièmes noces Créuse, fille de Créon, roi de Corinthe. Mais s'il convoite si ardemment la demoiselle, c'est d'abord parce qu'une telle union favorisera ses affaires. En effet, Acaste, nouveau roi de Thessalie, exige que Créon cesse de protéger ce couple diabolique, lequel est responsable de la mort de son père, Pélie. C'est que Médée, en exerçant son pouvoir de magicienne, a contraint les filles de ce dernier à l'assassiner, sous prétexte qu'il retrouverait alors sa jeunesse d'antan. Créon, qui veut Jason pour gendre, accepte de bannir Médée. Celui-ci explique alors à Pollux qu'il ne se révolte pas contre cette sentence, pour préserver ses enfants aussi bien que la paix. Son ami considère cependant que Jason fait preuve d'ingratitude vis-à-vis de Médée et lui conseille de se méfier de la vengeance d'une magicienne bafouée.

Scène 2

Jason, seul sur scène, semble être pris dans un dilemme pour le moins difficile à résoudre : soit il épouse Créuse mais blesse Médée, à qui il doit tout ; soit il reste fidèle à sa femme mais blesse Créon, à qui il doit la vie. Que faire ? La décision est prise lorsqu'apparaît Créuse, dont il ne peut nullement résister à la beauté.

Scène 3

Jason demande à sa future femme, au nom de leur amour naissant, d'empêcher l'exil de ses enfants. Elle lui promet de les protéger mais, en contrepartie, il devra, si elle réussit, lui accorder une faveur. La gouvernante de Créuse, Cléone, leur recommande de poursuivre leur discussion au palais car Médée est sur le point de les apercevoir.

Scène 4

Médée, dans un long monologue plein de haine et de ressentiment, loin de se soumettre, se redresse sous l'injure et en appelle aux Dieux, aux Furies et au Soleil, afin de l'aider à se venger de son mari pour qui elle a tout sacrifié, notamment en trahissant son père et en tuant son frère (épisode de la Toison d'or). Son objectif : faire périr Créuse et Créon. Ainsi, Jason errera de ville en ville comme une âme en peine et regrettera à jamais le jour où il a manqué à ses devoirs d'époux.

Scène 5

Nérine, la suivante de Médée, propose à sa maîtresse de dissimuler sa colère afin que l'effet de surprise soit plus grand lorsqu'aura sonné l'heure de la vengeance. Médée est incapable d'une telle stratégie tant sa fureur est grande : tant pis si Créon la soupçonne du pire, elle foncera tête baissée quitte à perdre la vie. Et bien qu'elle soit seule contre tous, il lui reste une chose qu'on ne lui enlèvera pas : « Moi. Moi dis-je, et c'est assez. »

ACTE II

Scène 1

Nérine accepte de prendre part au plan concocté par Médée. Elle souhaite seulement que sa maîtresse épargne Jason car, une fois mort, il est clair qu'elle s'en voudra jusque dans la tombe. Médée la rassure : elle ne souhaite que le trépas de Créon et Créuse. Elle croit même que Jason l'aime encore et qu'il ne fait qu'obéir à la volonté du roi de Corinthe.

Scène 2

Créon rencontre Médée et Nérine. Il rappelle à la femme de Jason qu'elle a été bannie et qu'elle doit donc quitter

Corinthe sur-le-champ. Effrayé par le regard haineux de la magicienne, il ordonne à ses gardes de le protéger des griffes de Médée. Cette dernière demande alors à pouvoir se justifier avant d'être condamnée à l'exil. Si elle a commis tant de forfaits, c'est seulement, explique-t-elle, pour sauver Jason et tous les Argonautes, et non par pure cruauté. Créon reste de glace face à cet argumentaire, persuadé que la seule faute commise par son futur gendre est d'avoir épousé une sorcière. Il apprend à Médée que ses enfants resteront à Corinthe à la demande de Créuse et lui accorde finalement une journée entière pour sortir de ses terres.

Scène 3

Créon raconte à sa fille que Médée quittera Corinthe demain, ce qui satisfait parfaitement Acaste. Ainsi, tout conflit est évité. Il ne reste plus à Créuse qu'à apaiser Égée, roi d'Athènes, à qui elle avait été promise avant l'arrivée de Jason. Jason promet de le punir sévèrement s'il se montre colérique et s'oppose au mariage à venir. Mais Créon pense que ce ne sera pas nécessaire.

Scène 4

Jason remercie vivement Créuse de l'avoir préféré à Égée et, surtout, d'avoir empêché le bannissement de ses enfants. Pour la récompenser, elle souhaite que son futur époux lui offre la somptueuse robe de Médée, plus éclatante encore que le soleil lui-même. Ce sera bientôt chose faite, lui promet Jason, lequel va s'entretenir avec Nérine pour obtenir le seul trésor que Médée emporta en fuyant la Colchide.

Scène 5

Égée demande à Créuse si les rumeurs sont vraies : va-t-elle vraiment épouser Jason, cet homme qui a du sang sur les mains ? La jeune femme lui répond que son futur mari est innocent de tout ce dont on l'accuse. Seule Médée est responsable du sang versé. De plus, elle justifie son choix par l'amour inouï qu'elle ressent pour le malheureux Jason, mais aussi pour le bien de l'État. Égée, blessé dans son orgueil, décide alors de se venger.

ACTE III

Scène 1

Nérine exprime toute la pitié qu'elle ressent pour Créuse, laquelle ne semble pas avoir conscience du pouvoir que recèle sa rivale, Médée. Elle mourra, c'est évident, et Nérine, qui a peur de sa maîtresse, restera malgré tout à ses côtés pendant le carnage.

Scène 2

Jason demande à Nérine si Médée est désormais prête à l'exil. La suivante estime que sa maîtresse commence à se résigner, et que sa haine perd peu à peu de sa force. Si elle accepte de s'en aller sans créer aucun trouble, Créon pourrait l'aider financièrement. Mieux, explique Jason, si elle offrait sa magnifique robe à Créuse, qui a évité à leurs enfants de connaître le même sort que leur mère, le roi de Corinthe y verrait un signe d'apaisement qu'il récompenserait aussitôt.

Scène 3

Jason tombe nez à nez avec Médée. Cette dernière accable de reproches l'infidèle, et lui rappelle que par sa faute l'humanité entière la déteste. Quant à Jason, il cherche à se justifier en donnant, comme motif de son abandon, le désir de sauver leurs enfants. Il finit néanmoins par admettre qu'il est également tombé amoureux de Créuse. Médée, quant à elle, évoque ses pouvoirs, lesquels sont capables de combattre les rois. Elle avoue également être encore attachée à son époux, et demande à ce que la chair de leur chair l'accompagne là où elle ira. Jason refuse mais lui jure de se rappeler d'elle jusqu'à son dernier souffle.

Scène 4

Médée comprend que Jason aime vraiment ses enfants. C'est donc en s'attaquant à eux que sa vengeance aura le plus de poids. Nérine la supplie de ne pas toucher à ces êtres innocents, d'autant que Créuse est prête à être punie.

ACTE IV

Scène 1

Dans la grotte magique, Médée empoisonne la robe destinée à Créuse en faisant attention à ce qu'elle seule, ainsi que son père, puissent ressentir les effets nocifs de l'enchantement. Le temps de la vengeance est bel et bien arrivé… Toutefois, il a presque failli ne jamais advenir. En effet, raconte Nérine, Égée a tenté d'enlever son ancienne promise, mais Jason l'en a empêché et le roi d'Athènes se retrouve derrière les barreaux. En le délivrant par ses sortilèges, Médée est certaine, une fois le crime accompli, de pouvoir se réfugier dans son palais. Il ne reste donc plus à Nérine qu'à offrir la robe à Créuse.

Scène 2

Créon remercie Pollux d'avoir secouru sa fille lors de la tentative d'enlèvement organisée par Égée. Ce dernier estime cependant, modeste, que la délivrance de Créuse doit beaucoup à Jason et à son père. Pollux conseille également au roi de Corinthe de se méfier de Médée et de ses pouvoirs, mais celui-ci, soulagé par son exil prochain, ne croit pas qu'en une seule journée elle puisse lui causer du tort.

Scène 3

Cléone apprend à Créon que la colère de Médée s'est apaisée. C'est qu'elle est soulagée que ses enfants ne soient pas, eux aussi, contraints au bannissement. Pour preuve de sa reconnaissance, elle a même offert à Créuse sa robe la plus splendide. Mais Pollux, défiant, pense que c'est un piège, « un mortel appas ». Créon décide de faire porter ce présent à une criminelle afin de voir s'il est ou non empoisonné.

Scène 4

Égée, en prison, se plaint de son triste sort. Il sera sûrement condamné à mort et trouve cela indigne d'un roi. Le vieillard souhaite que Jason connaisse alors à son tour les tourments de l'amour et rêve qu'une « implacable jalousie » obscurcisse son nouveau mariage.

Scène 5

Médée apparaît soudainement devant la cellule du roi d'Athènes. D'un coup de baguette magique, elle ouvre la porte et le libère de ses fers. Égée, reconnaissant, propose à Médée de l'aider à se venger. Celle-ci, qui a déjà tout préparé avec soin, demande seulement à pouvoir trouver refuge une fois sa haine déversée. Le vieillard lui propose alors de l'épouser, et de s'enfuir avec lui dès maintenant. Mais Médée veut assister au spectacle final. Elle lui offre donc un anneau qui le rend invisible et promet de le rejoindre sous peu.

ACTE V

Scène 1

Theudas, domestique du roi de Corinthe, apprend à Médée l'agonie de Créuse et Créon, tous deux brûlés vif par la robe de la magicienne, l'une en la portant, l'autre en tentant d'aider la première à s'en libérer. Jason n'était pas là au moment du drame car il conduisait son ami Pollux hors des murs de la ville, et n'est donc pas encore au courant.

Scène 2

Médée désire immoler ses enfants afin que la punition subie par Jason soit totale. Néanmoins, son amour maternel l'en empêche. C'est la fureur qui finit alors par l'emporter, la maîtresse blessée étant plus forte que la mère aimante.

Scène 3

Créon ordonne à ses domestiques de cesser de tenter de lui

enlever ses vêtements car le mal qui le ronge les a collés sur sa peau. L'en défaire, c'est augmenter sa douleur.

Scène 4

Créuse et Créon se disent adieu. La fille regrette d'avoir été envahie par l'envie et le père qu'il n'y ait plus de descendance possible. De plus, refusant de voir son enfant mourir, il se poignarde. Créuse désire également se suicider pour mettre fin à ses tourments, mais Jason arrive.

Scène 5

Jason assiste au dernier souffle de Créuse. Celle-ci lui demande de la venger alors qu'il est prêt à mourir à ses côtés. Mais la robe ne le brûle pas et il se décide donc à tuer Médée. Pire, il envisage d'assassiner ses enfants afin que la sorcière comprenne bien ce qu'est le mot douleur.

Scène 6

Médée, sur un balcon, annonce à Jason qu'elle vient de poignarder leurs enfants. Puis, insolente, elle s'enfuit en l'air dans un char tiré par deux dragons, avant même que Jason n'ait pu lui faire le moindre mal.

Scène 7

Jason, se sentant impuissant face à la magie de Médée, lutte pour conserver l'envie de se venger. Finalement il se tue, dans l'espoir que les dieux puniront un jour celle qui lui a tout donné et tout repris.

LES RAISONS
DU SUCCÈS

La *Médée* de Corneille n'a pas rencontré le succès escompté. Les raisons de cet échec relatif sont néanmoins difficiles à définir.

C'est la première fois que notre auteur aborde la tragédie, désireux de montrer qu'il est n'est pas seulement doué pour écrire d'excellentes comédies de mœurs. De plus, le genre tragique ressuscite dans les années 1635-1640, répondant ainsi aux aspirations des élites cultivées, et Corneille veut sûrement profiter de ce nouveau sursaut pour mettre en évidence l'étendue de son talent. Sonne alors la fin de la grande parenthèse romanesque et baroque qui dura près d'un demi-siècle : adieu, brutalité qui se déchaîne sur scène ; adieu, irrégularité dans l'agencement de la fable ! À présent, on en revient à un théâtre plus policé et plus régulier. C'est le retour à la nécessité des principes esthétiques de régulation, le retour à un classicisme assumé. Le dramaturge Mairet est alors le premier à mettre en pratique ce retour à l'ordre voté par les préconisateurs classiques en composant sa *Sophonisbe*. Il est suivi dans cette voie par ses contemporains, dont Corneille lui-même, lequel choisit comme modèle pour ses débuts de tragédien une pièce de Sénèque : *Médée*.

Néanmoins, sa perception du théâtre classique est particulière, comme nous pouvons le constater en lisant ses *Trois discours sur le poème dramatique*, publiés en 1660. Ainsi, bien qu'il reprenne la notion de catharsis telle qu'elle est traduite par les classiques, c'est-à-dire avec un but moralisateur, il soutient que le sujet de la pièce est plus important que les mœurs représentées dans celles-ci. Or, avec cette opinion, Corneille provoque les moralistes de l'époque qui voient dans le théâtre classique un moyen de propager les bonnes manières auprès de leurs contemporains. Toutefois, notre auteur ne manque pas de souligner, plutôt ironiquement, qu'il est nécessaire d'introduire de la moralité dans une pièce de théâtre pour que « les gens graves et sérieux, les vieillards, les amateurs de la vertu » puissent également apprécier l'œuvre.

De ce fait, nous pouvons dire que Corneille montre du respect pour les règles prescrites par les Anciens, mais il admet en même temps qu'il faut les adapter aux conditions et nécessités du théâtre du XVIIe siècle. Il encourage même ses contemporains à oser de nouvelles choses : « Nous ne devons pas nous attacher si servilement à l'imitation [des Anciens], que nous n'osions essayer quelque chose de nous-mêmes. » Il ajoute : « Il faut, s'il se peut, nous accommoder avec [les règles], et les amener jusqu'à nous. »

Pour toutes ces raisons, il développe dans *Médée* une notion plus élargie de la fameuse unité de lieu. Sous le tableau des personnages de la pièce, il indique que « la scène est à Corinthe », mais dans Corinthe même, nous retrouvons la place publique, la grotte magique et la prison où est incarcéré Égée. De plus, sa pièce, bien qu'elle utilise l'alexandrin classique et respecte les unités d'action et de temps, emprunte encore de nombreux éléments au baroque, comme le pathétique, la démesure, le spectaculaire, tout particulièrement lors de la mise en scène de la mort de Créuse et Créon. Représenter l'excès et les meurtres sur la scène va pourtant à l'encontre des bienséances classiques qui prescrivent de ne jamais choquer les spectateurs. Enfin, il introduit dans sa première tragédie des éléments psychologiques pour mieux expliquer les motifs qui poussent Médée à se venger. Ce dernier aspect vient probablement de l'éducation jésuite reçue par Corneille, laquelle favorisait la compréhension de l'homme par l'étude des émotions et de la psychologie humaine à travers le théâtre comme moyen éducateur.

Par conséquent, la *Médée* de Corneille oscille entre théâtre baroque et littérature classique, ce qui fait d'elle une pièce hybride et singulière qui n'a pas été en mesure de convaincre les élites et le public. Plus tard, une fois devenu un tragédien confirmé et reconnu, Corneille appliquera de façon plus stricte les règles prônées par le classicisme, sans pour autant abandonner définitivement son penchant pour le baroque. En d'autres termes, il parviendra à dompter l'esthétique baroque en structurant notamment ses œuvres selon un schéma précis et régulier. C'est cette évolution qui lui offrira la possibilité de s'adapter au goût de son temps sans renoncer néanmoins à ses convictions.

LES THÈMES
PRINCIPAUX

Il est clair que la force de *Médée* est liée à la personnalité de son héroïne et à la vengeance qu'elle met en place, tout au long de l'unique journée qu'il lui reste avant son exil forcé. Ce que Corneille semble vouloir mettre en évidence, c'est l'ambivalence de ses actes, à la fois monstrueux et justifiés. En effet, notre auteur ne cesse de souligner, tout particulièrement dans les premiers actes de sa pièce, les intrigues iniques de Jason et des Corinthiens, dont Médée est malgré elle la victime. En effet, d'un commun accord, Jason et Créon décident de se débarrasser d'elle en usant d'un prétexte politique, celui de la paix civile, et même d'une morale qui vise à exclure tout criminel de la cité, si bien que l'injustice du pouvoir s'ajoute à celle de l'époux.

Corneille n'hésite donc pas à faire des autres personnages majeurs de Médée des êtres mesquins qui ne cessent d'exciter, comme par sadisme, la haine de la magicienne.

Ainsi, Créon reste sourd aux arguments de cette dernière, et décide à tort de faire de Jason un homme pur et sans reproche tandis que Médée lui apparaît comme un monstre sanguinaire. Il déclare sur ce point, en parlant de son futur gendre (acte II, scène 2) :

« Son crime, s'il en a, c'est de t'avoir pour femme.
Laisse-le s'affranchir d'une honteuse flamme ;
Rends-lui son innocence en t'éloignant de nous ;
Porte en d'autres climats ton insolent courroux ;
Tes herbes, tes poisons, ton cœur impitoyable,
Et tout ce qui jamais a fait Jason coupable. »

Alors qu'à plusieurs reprises Médée a mal agi uniquement pour sauver Jason, voilà qu'on ne s'en prend finalement qu'à elle et que l'on dresse de l'infidèle un portrait pour le moins idyllique. Personne ne pouvant supporter un tel favoritisme, son amertume éclate alors en ces mots (acte II, scène 2) :

« Peignez mes actions plus noires que la nuit ;
Je n'en ai que la honte, il en a tout le fruit ;
Ce fut en sa faveur que ma savante audace
Immola son tyran par les mains de sa race ;
Joignez-y mon pays et mon frère : il suffit
Qu'aucun de tant de maux ne va qu'à son profit. »

Médée dénonce l'hypocrisie du roi de Corinthe, lequel s'empare de Jason en rejetant celle qui l'a fait. Puis, elle souligne sa mauvaise foi envers elle, puisqu'il l'a accueillie en connaissant parfaitement son passé. D'ailleurs l'accusation de crime portée contre elle n'est pas légitime à Corinthe : « Je suis coupable ailleurs », dit-elle, « mais innocente ici » (acte II, scène 2). Dans cette démarche, Médée est plus proche de la loi à suivre, du devoir que devrait incarner Créon, que le roi lui-même.

Créuse, quant à elle, ne se contente pas de voler le mari de Médée, elle demande également, par excès de gourmandise, la seule robe qui lui reste de sa patrie d'origine. Au moment de son décès, elle s'en repentira d'ailleurs, réalisant qu'elle n'aurait pas dû succomber au démon de l'envie et qu'elle mérite de ce fait « l'ardeur qui [la] dévore » (acte V, scène 4).

Difficile également pour le spectateur d'éprouver de l'empathie pour Jason. Celui-ci se montre trop souvent mesquin pour en devenir sympathique aux yeux du public. Il se montre d'ailleurs tout particulièrement odieux lors de sa rencontre avec Pollux (acte I, scène 1), où il fanfaronne comme un enfant qui jouerait à faire l'intéressant. Pour preuve, il confie à son ami qu'« un objet plus beau [chasse Médée] de [son] lit », et qu'il se moque que sa femme « soupire, pleure, et [le] nomme inconstant ». Il se révèle être en fin de compte un manipulateur qui abuse des femmes pour obtenir faveurs et victoires. Ne dit-il pas, à ce sujet :

« Aussi je ne suis pas de ces amants vulgaires ;
J'accommode ma flamme au bien de mes affaires ;
Et sous quelque climat que me jette le sort,
Par maxime d'Etat je me fais cet effort. »

Notre auteur aggrave encore la culpabilité de Jason lors de l'enlèvement de Créuse par le vieux roi d'Athènes. Alors qu'il aurait pu se dégager de son engagement avec Créon, il se précipite pour sauver la jeune fille, donnant ainsi la preuve que les raisons politiques qu'il allègue pour renvoyer Médée ne sont que de faux prétextes.

Enfin, Corneille emploie tous les artifices pour ne jamais diaboliser son héroïne. Afin de la rendre humaine, il laisse apparaître, par éclipses, son amour persistant pour l'époux volage :

« Tous vos héros enfin tiennent de moi la vie ;
Je vous les verrai tous posséder sans envie :
Je vous les ai sauvés, je vous les cède tous ;
Je n'en veux qu'un pour moi, n'en soyez point jaloux.
Pour de si bons effets laissez-moi l'infidèle :
Il est mon crime seul, si je suis criminelle ;
Aimer cet inconstant, c'est tout ce que j'ai fait :
Si vous me punissez, rendez-moi mon forfait.
Est-ce user comme il faut d'un pouvoir légitime,
Que me faire coupable et jouir de mon crime ? »

(acte II, scène 2)

« Je t'aime encor, Jason, malgré ta lâcheté ;
Je ne m'offense plus de ta légèreté :
Je sens à tes regards décroître ma colère ;
De moment en moment ma fureur se modère ;
Et je cours sans regret à mon bannissement,
Puisque j'en vois sortir ton établissement. »
(acte III, scène 3)

Elle essaie aussi de persuader Jason de fuir avec elle, préférant ainsi l'amour à la vengeance :

« Fuis-les, fuis-les tous deux, suis Médée à ton tour,
Et garde au moins ta foi, si tu n'as plus d'amour. »
(acte III, scène 3)

Mais Jason n'a que faire des implorations de Médée.

Corneille accentue aussi le débat de conscience qui agite notre héroïne, femme avide de vengeance, mais aussi mère qui aime ses enfants. C'est pourquoi au moment de les sacrifier pour accomplir une vengeance complète, elle est prise de pitié. L'amour maternel réapparaît avec autant de force qu'il avait été refoulé :

« Mais quoi ! j'ai beau contre eux animer mon audace,
La pitié la combat, et se met en sa place :
Puis, cédant tout à coup la place à ma fureur,
J'adore les projets qui me faisaient horreur :
De l'amour aussitôt je passe à la colère,
Des sentiments de femme aux tendresses de mère.
Cessez dorénavant, pensers irrésolus,

D'épargner des enfants que je ne verrai plus.
Chers fruits de mon amour, si je vous ai fait naître,
Ce n'est pas seulement pour caresser un traître :
Il me prive de vous, et je l'en vais priver.
Mais ma pitié renaît, et revient me braver ;
Je n'exécute rien, et mon âme éperdue
Entre deux passions demeure suspendue. »
(acte V, scène 2)

Corneille se garde d'ailleurs de mettre en scène le meurtre des enfants, qui est alors seulement évoqué par quatre vers dans le discours final de Médée à Jason (acte V, scène 6) :

« Lève tes yeux, perfide, et reconnais ce bras
Qui t'a déjà vengé de ces petits ingrats ;
Ce poignard que tu vois vient de chasser leurs âmes,
Et noyer dans leur sang les restes de nos flammes. »

En outre, dans la scène qui précède, on apprend que Jason veut lui-même immoler la chair de sa chair afin de punir son épouse. De ce fait, l'infanticide commis par Médée a un aspect moins inhumain dans la mesure où Jason lui-même en a eu le désir. Sa femme l'a alors seulement précédé, rien de plus.

Ainsi, en présentant Médée comme une femme trahie, notre auteur cherche à ce que le public ressente de la pitié pour cette pathétique magicienne, laquelle doit, seule contre tous, choisir entre amour maternel et vengeance meurtrière. Personne ne survit alors à sa furie, d'autant plus forte que Médée est déchirée par des sentiments contradictoires, même pas Jason – qui survit pourtant à l'épisode corinthien dans la mythologie grecque. Corneille décide, contrairement à Sénèque et Euripide, de le pousser au suicide, conscient qu'il ne peut rien face à la haine de son épouse meurtrie, aidée par les astres aussi bien que par ses sortilèges. C'est pourquoi il finit par dire (acte V, scène 7) :

« Entreprendre une mort que le ciel s'est gardée,
C'est préparer encore un triomphe à Médée.
Tourne avec plus d'effet sur toi-même ton bras,
Et punis-toi, Jason, de ne la punir pas. »

Le triomphe de notre héroïne est plus largement le triomphe du « Moi » (acte I, scène 5), dont la force passionnelle, dégagée de toute velléité de compromis, va se raidir et s'affirmer sous une forme absolue, mêlant cruauté et volupté. C'est alors qu'elle incarne « le crime en son char de triomphe » (épître), mais il reste que son entreprise semble quelque peu légitime, après ses multiples requêtes rejetées par Créon et Jason. La Médée de Corneille symbolise donc la lutte inexorable de l'individu contre un sort qui l'accable, laquelle est l'essence même du tragique.

ÉTUDE DU MOUVEMENT LITTÉRAIRE

Au début du XVIIe siècle, un débat autour des règles dans la littérature s'anime en France, s'achevant seulement, en 1637, avec la fameuse « querelle du *Cid* ». Finalement, les « réguliers » classiques l'emportent sur les « irréguliers » baroques, et une nouvelle époque de la littérature française commence, marquée par un nouvel attrait pour la tragédie au théâtre. Ainsi, les préconisateurs classiques en appellent à Horace, lequel soutient que le théâtre doit « instruire en plaisant ». En outre, ils fondent leurs interprétations à partir des auteurs de l'Antiquité grecque et romaine, notamment Aristote. L'effet de catharsis décrit par ce dernier, ainsi que les règles de la bienséance et de la vraisemblance, deviennent alors les bases de la littérature classique. Mais que signifie exactement la catharsis d'Aristote aux yeux des préconisateurs classiques ?

Elle est, écrit-il dans sa *Poétique*, le but de la tragédie qui « suscitant pitié et crainte, opère la purgation propre à pareilles émotions ». Il est important de souligner ici qu'ils choisissent de traduire le dernier terme de cette phrase par « passions ». De ce fait, la catharsis aristotélicienne perd au XVIIe siècle sa valeur esthétique et gagne dans le même temps une dimension moralisatrice. Le spectateur de l'époque doit donc se purifier, se soulager des passions considérées comme moralement mauvaises en s'identifiant au héros de la tragédie et en subissant par là même les terribles « passions » de celui-ci.

Les bienséances, quant à elles, consistent à ne pas représenter des actes de violence ou des meurtres sur scène, tout en donnant aux personnages des mœurs convenables liées à leur âge et à leur statut social élevé. Tout ce qui a trait à la vie physique, en particulier la vie sexuelle et la vie matérielle, est donc banni, dans l'objectif de ne pas choquer les goûts, les idées morales ou les préjugés du public.

Enfin, la vraisemblance exige que l'on représente la nature ou l'histoire, non pas comme elles sont réellement, mais comme elles devraient être. Dit autrement, elle soutient qu'il faut épargner au public les faits choquants ou scandaleux, et lui montrer seulement quelque chose qui semble être vrai afin de donner naissance à une vérité atemporelle et vertueuse.

En outre, les trois unités d'action, de lieu et de temps doivent être scrupuleusement respectées.

Mais la préférence pour la rationalité s'exprime également dans le langage utilisé. La rhétorique théâtrale doit être dominée par la sobriété et la clarté qui se manifestent dans l'emploi de l'alexandrin, lequel apparaît, aussi étonnant que cela puisse nous sembler aujourd'hui, comme le parfait moyen d'imiter la langue parlée.

Par conséquent, les dramaturges du XVIIe siècle, comme Racine et Corneille, se doivent de produire des tragédies d'un classicisme prononcé, à la fois didactiques et ludiques, s'ils souhaitent plaire aux élites cultivées de leur temps.

Ainsi, bien que l'auteur de *Médée* ne suive pas à la lettre les règles classiques dans l'élaboration de ses comédies et tragi-comédies (on gardera à l'esprit la célèbre critique qui lui a été faite lors de la création du *Cid*, laquelle reprochait à Corneille d'avoir fait emporter à Rodrigue, contre toute vraisemblance, deux duels et une bataille en une trentaine d'heures seulement), il se montre plutôt bon élève lorsqu'il s'attaque au genre noble, sans pour autant abandonner l'idée selon laquelle ce qui prime avant tout, quelle que soit la pièce présentée, c'est le plaisir du spectateur. C'est pourquoi Corneille revendique le droit de se conformer à la vérité historique au détriment, parfois, de la vraisemblance ou de la bienséance. Il n'hésite pas non plus à transgresser plus ou moins légèrement les règles des trois unités, ses maîtres mots étant : liberté et confiance dans l'imagination du public. Par exemple, un auteur ne doit pas, selon lui, renoncer à un beau sujet sous prétexte que la durée de l'intrigue dépassera vingt-quatre heures. Il se priverait alors d'« une belle occasion de gloire », et les spectateurs « de beaucoup de satisfaction ». Dans ses *Trois discours sur le poème dramatique*, Corneille émet également une distinction pour le moins éclairante : « Savoir les règles et entendre le secret de les apprivoiser adroitement avec notre théâtre, ce sont deux sciences bien différentes. »

Au final, le dramaturge, bien qu'il maîtrise parfaitement les exigences de la littérature classique, ne les applique pas systématiquement, préférant se soumettre à l'impératif absolu de plaire à son public.

DANS LA MÊME COLLECTION
(par ordre alphabétique)

- **Anonyme**, *La Farce de Maître Pathelin*
- **Anouilh**, *Antigone*
- **Aragon**, *Aurélien*
- **Aragon**, *Le Paysan de Paris*
- **Austen**, *Raison et Sentiments*
- **Balzac**, *Illusions perdues*
- **Balzac**, *La Femme de trente ans*
- **Balzac**, *Le Colonel Chabert*
- **Balzac**, *Le Lys dans la vallée*
- **Balzac**, *Le Père Goriot*
- **Barbey d'Aurevilly**, *L'Ensorcelée*
- **Barbey d'Aurevilly**, *Les Diaboliques*
- **Bataille**, *Ma mère*
- **Baudelaire**, *Les Fleurs du Mal*
- **Baudelaire**, *Petits poèmes en prose*
- **Beaumarchais**, *Le Barbier de Séville*
- **Beaumarchais**, *Le Mariage de Figaro*
- **Beauvoir**, *Mémoires d'une jeune fille rangée*
- **Beckett**, *En attendant Godot*
- **Beckett**, *Fin de partie*
- **Brecht**, *La Noce*
- **Brecht**, *La Résistible ascension d'Arturo Ui*
- **Brecht**, *Mère Courage et ses enfants*
- **Breton**, *Nadja*
- **Brontë**, *Jane Eyre*
- **Camus**, *L'Étranger*
- **Carroll**, *Alice au pays des merveilles*
- **Céline**, *Mort à crédit*

- **Céline**, *Voyage au bout de la nuit*
- **Chateaubriand**, *Atala*
- **Chateaubriand**, *René*
- **Chrétien de Troyes**, *Perceval*
- **Cocteau**, *La Machine infernale*
- **Cocteau**, *Les Enfants terribles*
- **Colette**, *Le Blé en herbe*
- **Corneille**, *Atilla*
- **Corneille**, *Le Cid*
- **Crébillon fils**, *Les Égarements du cœur et de l'esprit*
- **Defoe**, *Robinson Crusoé*
- **Dickens**, *Oliver Twist*
- **Du Bellay**, *Les Regrets*
- **Dumas**, *Henri III et sa cour*
- **Duras**, *L'Amant*
- **Duras**, *La Pluie d'été*
- **Duras**, *Un barrage contre le Pacifique*
- **Euripide**, *Médée*
- **Flaubert**, *Bouvard et Pécuchet*
- **Flaubert**, *L'Éducation sentimentale*
- **Flaubert**, *Madame Bovary*
- **Flaubert**, *Salammbô*
- **Gary**, *La Vie devant soi*
- **Giraudoux**, *Électre*
- **Giraudoux**, *La Guerre de Troie n'aura pas lieu*
- **Gogol**, *Le Mariage*
- **Homère**, *L'Odyssée*
- **Hugo**, *Hernani*
- **Hugo**, *Les Misérables*
- **Hugo**, *Notre-Dame de Paris*
- **Huxley**, *Le Meilleur des mondes*
- **Jaccottet**, *À la lumière d'hiver*
- **James**, *Une vie à Londres*

- **Jarry**, *Ubu roi*
- **Kafka**, *La Métamorphose*
- **Kerouac**, *Sur la route*
- **Kessel**, *Le Lion*
- **La Fayette**, *La Princesse de Clèves*
- **Le Clézio**, *Mondo et autres histoires*
- **Levi**, *Si c'est un homme*
- **London**, *Croc-Blanc*
- **London**, *L'Appel de la forêt*
- **Maupassant**, *Boule de suif*
- **Maupassant**, *Le Horla*
- **Maupassant**, *Une vie*
- **Molière**, *Amphitryon*
- **Molière**, *Dom Juan*
- **Molière**, *L'Avare*
- **Molière**, *Le Malade imaginaire*
- **Molière**, *Le Tartuffe*
- **Molière**, *Les Fourberies de Scapin*
- **Musset**, *Les Caprices de Marianne*
- **Musset**, *Lorenzaccio*
- **Musset**, *On ne badine pas avec l'amour*
- **Perec**, *La Disparition*
- **Perec**, *Les Choses*
- **Perrault**, *Contes*
- **Prévert**, *Paroles*
- **Prévost**, *Manon Lescaut*
- **Proust**, *À l'ombre des jeunes filles en fleurs*
- **Proust**, *Albertine disparue*
- **Proust**, *Du côté de chez Swann*
- **Proust**, *Le Côté de Guermantes*
- **Proust**, *Le Temps retrouvé*
- **Proust**, *Sodome et Gomorrhe*
- **Proust**, *Un amour de Swann*

- **Queneau**, *Exercices de style*
- **Quignard**, *Tous les matins du monde*
- **Rabelais**, *Gargantua*
- **Rabelais**, *Pantagruel*
- **Racine**, *Andromaque*
- **Racine**, *Bérénice*
- **Racine**, *Britannicus*
- **Racine**, *Phèdre*
- **Renard**, *Poil de carotte*
- **Rimbaud**, *Une saison en enfer*
- **Sagan**, *Bonjour tristesse*
- **Saint-Exupéry**, *Le Petit Prince*
- **Sarraute**, *Enfance*
- **Sarraute**, *Tropismes*
- **Sartre**, *La Nausée*
- **Senghor**, *La Belle histoire de Leuk-le-lièvre*
- **Shakespeare**, *Roméo et Juliette*
- **Steinbeck**, *Les Raisins de la colère*
- **Stendhal**, *La Chartreuse de Parme*
- **Stendhal**, *Le Rouge et le Noir*
- **Verlaine**, *Romances sans paroles*
- **Verne**, *Une ville flottante*
- **Verne**, *Voyage au centre de la Terre*
- **Vian**, *J'irai cracher sur vos tombes*
- **Vian**, *L'Arrache-cœur*
- **Vian**, *L'Écume des jours*
- **Voltaire**, *Candide*
- **Voltaire**, *Micromégas*
- **Zola**, *Au Bonheur des Dames*
- **Zola**, *Germinal*
- **Zola**, *L'Argent*
- **Zola**, *L'Assommoir*
- **Zola**, *La Bête humaine*